Crédito hipotecario en América: Factores en la compra de vivienda con Confianza – Equipo, Actitud y Enfoque

Éste libro está dedicado a todos aquellos que creyeron en el sueño de ser propietarios de vivienda!

- *M.D. Baltazar*

Especialmente dedicado a:

_____

De tu amigo de confianza:

_____

Si bien todas las precauciones se han tomado en la preparación de este libro, el editor no asume ninguna responsabilidad por errores u omisiones, ni de los daños resultantes del uso de la información contenida en el presente documento.

CRÉDITO HIPOTECARIO EN AMÉRICA:
FACTORES EN LA COMPRA DE VIVIENDA CON
CONFIANZA –
EQUIPO, ACTITUD Y ENFOQUE

Crédito hipotecario en América:
Factores en la compra de vivienda con Confianza
–
Equipo, Actitud y Enfoque

TABLA DE CONTENIDO

Introducción

Felicitaciones por tomarse el tiempo de mejorar su experiencia para la compra de vivienda. En éste libro, le mostraremos los tres mayores componentes para una compra de vivienda exitosa, mientras le enseñamos como analizar y planear aquella que será la más grande inversión de su vida.

En los capítulos sobre el *Equipo*, usted aprenderá cómo armar su equipo personal ideal de bienes raíces. Le explicaremos por qué tener un agente de bienes raíces, un oficial de préstamo hipotecario y un agente de seguros a su lado es fundamental para el éxito, y compartiremos algunas preguntas importantes para solicitarle a cada uno de ellos.

Los capítulos sobre *Actitud* le ayudarán a estar mentalmente preparado para el viaje que tendremos por delante. Estos capítulos toman una dura mirada en las realidades que rodean la compra de una vivienda. Comenzaremos preparándolo mentalmente para el proceso, con perspectivas, visualizaciones e ideas. A continuación, nos conectaremos con algo de la psicología que puede involucrarse en la compra de una vivienda. Terminaremos esta sección con una postura fuerte contra las personas negativas que puedan existir y cómo tratar con ellos.

Los capítulos finales, sobre el *Enfoque*, le proporcionarán conceptos simples y fáciles de entender que le permitirán navegar por los números involucrados en la compra de una vivienda con éxito. Al final del día, los números van a hacer la mayor parte de la conversación, ¿verdad? Así le daremos la información que necesita para sentirse cómodo con todo el proceso.

Es nuestro objetivo, que después de leer este libro, usted tenga solo la información suficiente para que se sienta seguro con el proceso de compra. No queremos abrumarlo con detalles complejos que lo dejarán más confundido que cuando comenzó. Leonardo da Vinci lo dijo mejor: "La simplicidad es la máxima sofisticación." Creemos que nuestro enfoque simple le proporcionará toda la confianza que necesita para su viaje. Así que, vamos a empezar este viaje juntos y comenzar a tomar acciones hoy!

Capítulos sobre el Equipo

Construyendo su equipo ideal de bienes raíces

Las personas más exitosas son aquellas que no se basan únicamente en su propia experiencia. Ellos han aprendido a respetar la opinión de otras personas, especialmente la de aquellos que son expertos en el campo que desean seguir. La experiencia viene con la experiencia, y la experiencia viene con la práctica. Muchos de nosotros sólo vamos a comprar una casa en nuestra vida, mientras que otros pueden comprar dos o más. El hecho es que no estaremos comprando casas todos los días.

Un agente profesional de bienes raíces se ocupa de la compra y venta de viviendas a diario, así que él o ella tendrá un poco más de experiencia en el mercado. Del mismo modo, los prestamistas hipotecarios profesionales y agentes de seguros son expertos en encontrar los mejores paquetes de financiación y paquetes de seguros para las necesidades individuales de sus compradores.

Claro, usted puede tratar de hacer todo por sí mismo, pero ¿por qué no tomar ventaja de las personas que ya han pasado años aprendiendo los trucos del oficio? Tiene sentido confiar en los que han invertido tiempo y dinero en el aprendizaje de su profesión, ya que pueden ayudarlo a alcanzar de la mejor manera el sueño americano de comprar su casa. Usted no tiene que reinventar la rueda o gastar dinero extra por adelantado para obtener este conocimiento. Armar un equipo de profesionales para ayudarle con la compra exitosa de su casa es la forma más inteligente y más eficiente para lograr resultados satisfactorios.

Crédito hipotecario en América:
Factores en la compra de vivienda con Confianza
–
Equipo, Actitud y Enfoque

Al igual que con cualquier equipo, la buena química entre todos los jugadores es esencial. No olvide que usted es una parte de este equipo también, y todos van a trabajar en estrecha colaboración. Cuando la química es buena dentro de su equipo, usted será capaz de beneficiarse de tener un grupo sinérgico y proactivo. Esto no sólo ayudará a asegurar que su experiencia de compra de vivienda sea agradable, sino también que puede ayudar a crear oportunidades que pueden no haber existido de otra manera. Es increíble lo que un equipo *remando* en la misma dirección puede lograr!

Así que, ¿cómo decidir quién debe estar trabajando para usted? Vamos a empezar con su agente de bienes raíces.

Capítulo 1: Escoger el agente inmobiliario correcto para su equipo

Durante años, comprar una casa consistía en conducir alrededor, en busca de señales en los patios, y luego llamar al agente cuyo nombre estaba en la señal para que le muestre la vivienda. Hoy en día, hay tantas propiedades disponibles en tantas áreas extensas, representadas por tantos agentes, que es mucho mejor entrevistar a unos pocos agentes y encontrar uno que haga el trabajo duro de la reducir las perspectivas para usted.

La parte más importante de su equipo será su agente de bienes raíces. Esta persona no sólo le ayudará a encontrar la casa perfecta, sino también le ayudará a negociar su contrato de compra. El agente de bienes raíces será fundamental para asegurarse de que todas las partes implicadas en su transacción están haciendo su trabajo correctamente. Cuando surgen problemas, ellos están ahí para ayudar a resolverlos y navegar a través de ellos.

Hay muchas maneras con las que usted puede seleccionar un agente. Aunque la suerte no es realmente una estrategia, a veces el agente perfecto lo encontrará a usted. Por ejemplo, es posible conseguir uno en el supermercado o en otro lugar público cuando menos se lo espera. Si usted se siente cómodo con su personalidad, presentación o espíritu cálido, entonces la química puede empezar a manifestarse. O tal vez, mientras usted conduce alrededor, se encuentra con una jornada de puertas abiertas que visita, y sólo congenia muy bien con el agente que hospeda esa vivienda. De nuevo, si usted se siente bien con el agente, entonces tal vez está destinado a ser. Tómese su tiempo para llegar a conocerlos mejor y hacer preguntas. Usted puede decidir ponerlos en la parte superior de su lista.

Crédito hipotecario en América:
Factores en la compra de vivienda con Confianza
–
Equipo, Actitud y Enfoque

Otra gran manera de encontrar el agente ideal es contar con el asesoramiento de amigos cercanos o familiares. Si han trabajado personalmente con un agente en particular y tuvieron una gran experiencia, las posibilidades de que usted disfrute de ese mismo éxito son muy buenas. Obtenga su tarjeta, dele una llamada y organice una entrevista. Deje claro que sólo se está entrevistando con él o ella en este momento y no está listo para ver las propiedades todavía. Si los agentes están referidos simplemente porque son buena gente, entonces es posible que desee continuar su búsqueda.

Si está teniendo dificultades para elegir entre un grupo de agentes, no dude en entrevistarlos con un amigo. Usted no sólo será capaz de llegar a conocerlos mejor, sino que también tendrá una segunda opinión digna de confianza. Muchos agentes tratarán de ganar el control de la entrevista. Esto se debe a que la mayoría de los compradores potenciales se ponen en contacto con un agente al azar para ver una casa particular, y no tienen un plan de juego o estrategia, con lo que este libro lo empoderará a usted. Por lo tanto, dirija la entrevista de nuevo a sus preguntas y trate de conseguir el agente que mejor pueda encajar en sus planes. Incluso usted también querrá armar su propia lista, donde pueda tomar notas sobre las respuestas de cada agente y lo ayudará a comparar los candidatos de manera más uniforme.

Estas son algunas preguntas que puede hacerle a su potencial agente:

• *¿Cuánto tiempo ha estado en el negocio y cuál es el número de viviendas qué vende por año?*

No es necesariamente importante si su agente es nuevo en el negocio o un veterano, un generador de varios millones de dólares o un trabajador a tiempo parcial. Lo que esta pregunta va a hacer es poner en marcha la conversación y le dará la oportunidad de ver qué tan bien, y cuán honestamente, su agente se va a comunicar con usted. Incluso un agente de nuevas marcas puede estudiar el mercado, extraer propiedades potenciales de los múltiples anuncios y utilizar las mismas herramientas que cualquier otro agente, pero la *honestidad* es mejor medida por la conversación.

• *¿Cómo va a ponerse en contacto conmigo?*

La mayoría de los agentes pueden ponerse en contacto con usted a través de listados múltiples en correos electrónicos diarios con las propiedades que mejor se ajusten a su criterio. Pero realmente usted quiere saber la mejor manera de ponerse en contacto con su agente, una vez que haya reducido el campo y que desee ver algunas propiedades. Cuál es la mejor forma de comunicarse? por teléfono, texto, correo electrónico, redes sociales, etc.? Estará hablando directamente a su agente o se trata de un asistente? Usted querrá estar en comunicación directa durante las negociaciones de la oferta, así como en toda la transacción.

• ¿Cómo vamos a elegir las propiedades y cómo las vamos a ver?

Una vez más, los nuevos anuncios por correo electrónico son muy útiles para ver lo que ha llegado recientemente al mercado en su categoría. Algunos anuncios no sólo tendrán imágenes fijas, sino también recorridos en vídeo, los cuales

Crédito hipotecario en América:
Factores en la compra de vivienda con Confianza
–
Equipo, Actitud y Enfoque

pueden mostrar características interesantes que de otra manera usted no podría pensar que quería ver. ¿Su agente podrá solicitar una cita para ver estas propiedades en persona? ¿Cuándo y con qué frecuencia él o ella será capaz de mostrarle las propiedades de interés? ¿Dichas propiedades estarán disponibles para adaptarse a su horario?

• ¿Usted va a proporcionar referencias?

La investigación de la reputación de su agente. Pida al agente los nombres de algunos clientes anteriores que han accedido a que los compradores potenciales les pidan referencias. Al igual que usted tiene que proporcionar referencias en una solicitud de empleo, su agente de bienes raíces debe ser capaz de proporcionarlas también. En el caso de un nuevo agente, él o ella debe ser capaz de proporcionar al menos algunos amigos y familiares como referencias. Usted puede hacer la llamada según el grado de fiabilidad que estas fuentes le parezcan cuando hable con ellos. También verifique en línea. Si hay muchas quejas sobre el agente en medios de comunicación social, entonces es posible que quiera seguir buscando.

Una vez que le haga conocer sus necesidades a su agente, él o ella le ayudará a mantener la concentración en las viviendas dentro de su rango de precios, en los barrios que desee, y con las características con las que usted no puede dejar de vivir. Asegúrese de hacerles saber si las escuelas son importantes; si tiene intención de mudarse de nuevo en los próximos años; si necesita una oficina en casa, dormitorios adicionales o baños, o un gran patio trasero.

Mientras más descriptivo pueda ser, su agente podrá reducir al máximo las opciones que están disponibles.

En cualquier caso, por favor, no se conforme con un agente insatisfactorio, y no trabaje con un agente que le dé una mala sensación. Además, después de invertir tanto tiempo y esfuerzo en la selección de su agente, y esperar que él o ella invierta su tiempo y esfuerzo en su sueño, no tiene que ir a hacer una oferta con un agente al azar porque él o ella lo presionó. Recuerde que usted está a punto de hacer una inversión muy grande y quiere tener una gran experiencia con *su* equipo.

Crédito hipotecario en América:
Factores en la compra de vivienda con Confianza
—
Equipo, Actitud y Enfoque

Capítulo 2: No todos los prestamistas hipotecarios son los mismos...Actúe con cautela

La selección de un prestamista puede ser muy similar a la selección de un agente de bienes raíces, pero hay algunas diferencias muy grandes para tener en cuenta.

En primer lugar, mientras que el agente de bienes raíces trabaja para encontrar la mejor oferta en el mercado, un prestamista puede no tener muchos productos u opciones de préstamo para elegir, pero tratará de convencerlo de que sus productos son la mejor oferta que hay. Si usted encuentra un prestamista que tiene varios bancos o diferentes inversores con los que trabaja, usted puede estar seguro de que puede estar hablando con la persona adecuada.

En segundo lugar, el agente de bienes raíces es generalmente pagado por el vendedor, mientras que el prestamista es pagado por usted. Por lo tanto, es muy importante asegurarse de que está pagando los honorarios más bajos posible, sin comprometer su tasa de interés. Recuerde, un prestamista que trabaja con varios bancos va a ser capaz de encontrar la mejor oferta.

En tercer lugar, el agente de bienes raíces se basa en la experiencia del prestamista en cuestión. En otras palabras, su equipo sólo puede ser tan fiable como su prestamista. Usted puede tener el agente perfecto, pero un pésimo prestamista que desordena la transacción. Usted está contratando al prestamista para el asesoramiento de préstamos, y al agente de bienes raíces para ayudarlo en la búsqueda de la casa de sus sueños y negociar con el vendedor y el agente del vendedor. No hay mejor tiempo en el proceso de seguir sus instintos que al momento de escoger su prestamista.

La mayoría de los agentes inmobiliarios tendrán un prestamista o dos que han tenido tratos con éxito en el pasado. También debe preguntar a amigos y familiares para las referencias de los prestamistas que han utilizado. Pida referencias de otros profesionales con los que usted ha tratado - su contador, abogado, etc. Luego, puede llamar a algunos de estos prestamistas y entrevistarlos.

Algunas preguntas para hacerle a su agente de préstamo potencial:

• ¿Cuánto tiempo ha estado en el negocio de las hipotecas?

Una vez más, sólo porque una persona es nueva en el negocio de las hipotecas no quiere decir que no va a hacer un buen trabajo. Con esta pregunta, usted está tratando de encontrar como es su posible prestamista de una manera cómoda, segura y honesta y lo bien informado que él o ella está con el proceso de préstamo.

• ¿Tiene licencia? ¿Cuál es su número NMLS?

Al igual que los agentes de bienes raíces y la mayoría de los otros profesionales, los prestamistas hipotecarios deben tener una licencia y se adhieren a la estricta ética y códigos de conducta. NMLSconsumeraccess.org proporciona un registro de titulares de licencias, cualquier queja, restricción y / o revocación de las licencias.

Crédito hipotecario en América:
Factores en la compra de vivienda con Confianza
–
Equipo, Actitud y Enfoque

• ¿Con cuántos bancos, inversores o diferentes programas de préstamos trabaja usted?

No todo el mundo se beneficia de los mejores préstamos y tasas de interés, pero eso no significa que no se puede obtener una hipoteca decente. Hay muchos programas disponibles para la financiación de viviendas. Mientras un prestamista tenga más fácil acceso a programas de préstamo, es más probable que usted sea elegido para uno de ellos.

• ¿Con qué tipos de compradores trabaja mejor usted y cuál es la probabilidad de éxito en conseguir la aprobación?

Si usted tiene un alto grado de solvencia, un historial de empleo sólido, y una baja relación deuda-ingreso, felicitaciones! Si no es así, tendrá que encontrar un prestamista que puede trabajar con sus necesidades particulares, especialmente si usted ha experimentado una ejecución de una hipoteca, venta corta, la quiebra, trabaja por cuenta propia, o tiene mal crédito. Los ingresos comprobables también son importantes, pero la mayoría de los problemas se puede trabajar, por lo general con una mayor tasa de interés, tarifas más altas, garantías adicionales, un pago inicial más alto, y así sucesivamente. También hay programas de préstamos patrocinados por el gobierno para las personas que no tienen suficiente dinero disponible para el pago inicial, o propiedades que necesitan una gran cantidad de trabajo.

- Después de aplicar, ¿cuánto tiempo se tarda en obtener los resultados de la aplicación?

Usted no quiere comenzar a hacer compras sin saber para qué está calificado. Vamos a discutir esto en detalle más adelante, pero asegúrese de que el prestamista decide que no va a hacerlo esperar demasiado tiempo para obtener los resultados de la aplicación. Nota: Si su prestamista no le entrega los resultados de la aplicación cuando prometió, entonces esto no puede ser una buena señal de lo que vendrá. El prestamista posee información crítica que será necesaria durante todo el proceso. Usted quiere que su equipo ideal sea eficiente y en la parte superior de las cosas para usted.

- ¿Cuáles son los costos promedio de cierre?

Nada mata un acuerdo más rápido que tener que llegar con esos últimos pocos miles de dólares de los que nadie le ha hablado.

- ¿Usted va a proporcionar referencias?

La investigación de la reputación de su potencial prestamista. Si su prestamista ha tenido problemas graves, lo más probable es que esté ahí afuera en Internet. Compruebe en línea, en el sitio web de la empresa, en las redes sociales, y en otros foros. Busque en Google el nombre del oficial de crédito y vea qué sale. No se deje engañar por los títulos de fantasía. Un agente de préstamos consciente puede hacer un buen trabajo para usted, independientemente del número de letras o títulos que vienen después de su nombre.

Crédito hipotecario en América:
Factores en la compra de vivienda con Confianza
–
Equipo, Actitud y Enfoque

Es importante que sepa que usted no tiene que utilizar el prestamista preferido de su agente, a menos que se sienta cómodo con ellos. Trátelos como cualquier otro agente de crédito o empresa que usted está considerando. Este es el préstamo que usted está pagando y con el que tendrá que vivir durante mucho tiempo. Tome su decisión con base en sus necesidades y requerimientos.

Conseguir el prestamista correcto a bordo puede ayudarlo a ponerlo delante de su competencia. Sí, usted puede estar compitiendo con otros compradores que buscan comprar la misma casa que desea. Es bastante común tener agentes de cotización experimentados que aconsejan a sus clientes con cuáles compradores están representados por un prestamista fuerte y de buena reputación y aquellos que no. Trate de poner lo mejor que funcione para usted.

En mi libro, Crédito hipotecario en América: La Guía del comprador para financiar una vivienda, examino más de diez errores críticos para evitar a la hora de elegir un prestamista. Mientras que usted desea confiar en su instinto al final del día, hay estrategias que puede utilizar mientras construye su equipo ideal.

Capítulo 3: Agente de Seguros - ¿Qué hay que tener en cuenta?

Aunque la mayoría de los compradores de vivienda omiten este paso, el agente de seguros es una parte muy importante de su equipo. Muchos seleccionan el agente que sus amigos o sus padres utilizan, mientras que otros simplemente llaman por la recomendación de un anuncio de televisión o radio.

En la construcción de su equipo ideal, tómese el tiempo para encontrar el mejor agente de seguros de propiedad raíz para usted. Mientras que la conveniencia es agradable, las calificaciones de empresas y productos son más importantes. Por ejemplo, es posible encontrar una oferta muy barato, pero terminará cubierto por una empresa que no puede pagar las reclamaciones. O bien, puede encontrar una gran compañía con una calificación excelente y productos muy bien calificados, pero se le debe pagar más por la cobertura del seguro.

Asegúrese de que su agente entiende sus necesidades actuales, así como las potenciales necesidades futuras. Puede que ya tenga uno o dos vehículos. La adición de un hogar a su póliza de seguro de automóvil debe dar lugar a algún tipo de descuento. Un agente que está dispuesto a darse una vuelta para conseguir la mejor cobertura y oferta en el momento en que evolucionen sus necesidades es el que desea mantener. Es posible que deba llamarlos varias veces al año para las cotizaciones o cambios, especialmente con los multi-políticas que incluyen casa, alquiler, vehículos y bienes personales agrupados y con descuento. Por lo que tendrá que tratar con alguien que es agradable y tenga personal eficiente y agradable. Después del cierre de la garantía, es probable que deba lidiar con su agente de seguros mucho más a menudo que con su

18

Crédito hipotecario en América:
Factores en la compra de vivienda con Confianza
–
Equipo, Actitud y Enfoque

agente de bienes raíces o prestamista. Se trata de una persona con la que disfrutaría tratar, por lo que es mejor tener un cuidado especial en la elección.

Al igual que contratar un prestamista, la elección del agente de seguros de propietarios de viviendas adecuado puede ser complicada. Algunos compradores de vivienda juegan a lo seguro y van con una gran compañía de seguros, mientras que el consumidor más inteligente encontrará un gran agente independiente que tenga una gran política para ellos. Consulte con amigos y familiares para ver si tienen un agente con el que hayan tenido buena experiencia. ¿Fueron las reclamaciones manejadas de una manera oportuna, profesional? ¿Son las actitudes del agente amables y gentiles por teléfono y en persona? ¿El agente se comunica de manera efectiva? ¿Es el agente paciente con sus preguntas y mensajes frecuentes? ¿En última instancia, quiere que este agente esté en su equipo?

Algunas preguntas para hacerle a su agente de seguros potencial:

• ¿Cuánto tiempo ha estado en el negocio de los seguros?

Una vez más, a veces los agentes más nuevos hacen un trabajo fantástico y pueden ser muy consientes. Si no saben algo, usted quiere que sean ansiosos por encontrarlo. Al igual que antes, usted está buscando el carácter de su agente para ver cuán cómodo se siente uno con el otro y si hay una base para la confianza. Si usted comienza a sentirse incómodo o intimidado, siga adelante.

• ¿Qué tipo de propiedades asegura?

Si la compañía no asegura las remodelaciones, y eso es lo que usted está buscando, es necesario encontrar otra compañía de seguros. Si ellos no aseguran viviendas prefabricadas, y ahí es donde está su rango de precio, siga buscando. La mayoría de las compañías de seguros con una oficina local asegurarán gran parte de lo que está disponible localmente, pero no siempre. Si usted está buscando propiedades en o cerca de zonas comerciales o industriales, asegúrese de que su compañía de seguros, asegure residencias, también. Sea específico acerca de las partes de la ciudad en las que usted está buscando, y asegúrese de que su agente puede encontrar algo a un precio razonable y una cobertura adecuada en esa área. A veces los barrios más duros tendrán mayores tasas de seguros. Cuando usted encuentra una casa para la que desea hacer una oferta, ejecútela por su agente de seguros, también.

• ¿En qué áreas asegura?

Si usted está buscando una propiedad rural, y su compañía de seguros no asegura hogares en esa área, usted tendrá que encontrar a alguien que lo hace. Algunas cosas para pensar con respecto a asegurar la propiedad rural incluyen la distancia a la toma de agua cercana, y si el cuerpo de bomberos está disponible a tiempo completo o voluntario, incluso si es uno. Si usted está buscando en granjas o haciendas, asegúrese de que su compañía de seguros maneja ese tipo de propiedad.

• ¿Tiene un descuento de múltiples políticas (es decir, dueño de una casa, vehículo, alquiler, negocio)?

Crédito hipotecario en América:
Factores en la compra de vivienda con Confianza
–
Equipo, Actitud y Enfoque

Tener varias pólizas de seguro con una compañía puede ofrecer grandes descuentos y gran comodidad. Pero no asuma que un solo multi-política cubra todas sus necesidades de seguros, es el mejor camino a seguir. En algunos casos, manteniendo las pólizas de seguro de vivienda, vehículos y seguros de negocios separadas puede ser mejor para usted. Consulte con su abogado y su profesional de impuestos en esto.

• ¿Cómo maneja el seguro por terremoto / incendio / inundación / otro desastre natural?

Independientemente de donde vive usted, es importante trabajar con un agente local que conoce su área. Su compañía hipotecaria puede exigir un seguro adicional, pero ¿será cubierta por su póliza básica, o necesita una política adicional por terremoto / inundación / lo que sea? Usted necesitará un agente calificado que pueda resolver esto para usted. Los corredores de política adicionales cuestan más y usted podría no estar feliz con la cobertura que ofrecen - o no proporcionan. Esto podría hacer la diferencia entre hacer una oferta en la casa de cuatro habitaciones en una llanura de inundación o de la casa de tres dormitorios en el barrio más caro.

• ¿Cuál es la mejor manera de comunicarse con usted?

Una vez más, cuando necesita la ayuda de su agente, usted necesita ser capaz de llegar a él o ella de una manera oportuna. Averigüe si lo mejor es llamar a la oficina, enviar un texto, enviar un correo electrónico, o si hay una mejor manera de comunicarse con él. Si usted encuentra que necesita hacer una reclamación, puede ser un momento muy estresante, y sabiendo que su agente está ahí trabajando en ello, puede aliviar una gran cantidad de ansiedad. Idealmente, su agente tendrá un personal fantástico, que será capaz de ayudarle casi tan bien como el propio agente.

• ¿Cuál es el plazo de presentación de una reclamación y la resolución de la misma?

Si lo peor llega a pasar, y hay que presentar una reclamación, ¿cuánto tiempo va a tomar obtener la documentación adecuada, obtener ayuda para llenarla, conseguir los ajustadores de reclamos para llevar a cabo las inspecciones, y obtener su dinero para las reparaciones, la reconstrucción y sustitución de la propiedad? ¿Serán los costos del hotel y comidas reembolsados por este período de tiempo? ¿Cuáles son los límites? Todo esto debe ser explicado en la política, pero en este momento usted está tratando de obtener una idea general.

Como siempre:

Pida referencias de clientes anteriores y actuales. Averigüe si han presentado alguna reclamación y cómo fue su experiencia. Otra gran manera de investigar la reputación del agente es buscar en internet, Better Business Bureau, Comisión de Seguros del Estado y las redes sociales.

Por último, tenga en cuenta que los oficiales de crédito trabajan con un agente de seguros en todos sus archivos de préstamo, por lo que sería un gran recurso para encontrar el mejor agente en la zona.

Crédito hipotecario en América:
Factores en la compra de vivienda con Confianza
–
Equipo, Actitud y Enfoque

Resumen Capítulos sobre el Equipo

Es por diseño que no profundizamos en el análisis de cada uno de los tres mejores jugadores de su equipo ideal. La razón principal es que cada uno es diferente con diferentes personalidades y química. No sería útil imponer un estándar talla única para un agente de bienes raíces, prestamista o un seguro de hogar, pero quise mencionar unos pocos atributos y estrategias clave a tener en cuenta para cada uno.

Recuerde que usted está construyendo relaciones con los profesionales con los que podría desear trabajar una y otra vez. Al igual que con su doctor, dentista, contador y abogado, desea tener una buena experiencia con personas de su confianza. Si en algún momento usted cree que puede haber cometido un error, o las cosas no están saliendo como esperaba con su equipo, no dude en dar un paso atrás y reagruparse, siempre y cuando usted no esté bajo contrato en una propiedad. Si alguien en su equipo le está dando malas energías, o no funciona bien con el resto del equipo, entonces usted necesita encontrar a alguien más para llenar su lugar. No comprometa esta área.

Ahora que tenemos una comprensión general de lo que está pasando en su equipo, es el momento de analizar la pieza central de su equipo - usted!

Capítulos sobre la Actitud

Esté mentalmente preparado para una de las inversiones más grande que usted hará en su vida – la compra de una casa.

La compra de su primera casa puede parecer un proyecto abrumador, ya que hay muchos detalles críticos para cuidar. Incluso si ésta es su décima casa, puede que se preocupe de tener todo correcto. El sueño americano a veces puede sentirse como la pesadilla americana, pero tener un buen equipo de asesores profesionales le ayudará a evitar esta última.

También tendrá que examinarse a sí mismo. ¿Está listo para dar este paso? ¿Tener propiedad de la vivienda es muy diferente que el alquiler? ¿Qué lo está deteniendo? ¿Es el temor a lo desconocido? ¿Ha tenido una experiencia desagradable con la posesión de una casa en el pasado? ¿Tal vez cuando estaba creciendo? Es posible que tenga que cavar profundamente y examinar los aspectos de su actitud que puede que nunca ha visto antes. Usted va a tomar responsabilidades que hasta ahora le ha dejado al arrendador o compañía de administración de propiedades, o incluso a mamá y papá. Puede necesitar ser cambiado de lo que está acondicionado y a modos de pensar de toda la vida.

Puede experimentar alguna molestia a medida que evoluciona hacia una nueva forma de pensar. Es posible que tenga que aprender a presupuestarlo todo de nuevo, si alguna vez lo ha aprendido en absoluto. Ser propietario de una casa puede ser un montón de trabajo, pero ser capaz de llamarla casa es muy gratificante. La libertad de propiedad de la vivienda es inigualable por cualquier cosa que tendría que experimentar como inquilino.

Crédito hipotecario en América:
Factores en la compra de vivienda con Confianza
–
Equipo, Actitud y Enfoque

En los próximos capítulos, vamos a calmar sus temores. Va a aprender a pensar como un dueño de una casa. Usted aprenderá a convertir su miedo al revés y tener coraje. Y usted aprenderá cómo manejar los detractores - aquellos que pueden tratar de matar sus sueños.

Capítulo 4: Ser propietario de una casa es un modo de pensar!

Hubo un período en el cual ser propietario de una casa era el sueño americano. Como cuestión de hecho, es por eso que los peregrinos decidieron emigrar a América hace cientos de años. América se convirtió, conocida en el mundo, como la tierra de los libres y el hogar de los valientes. No es de extrañar que esta mentalidad y el espíritu ayudaron a crecer las trece colonias originales para atravesar el continente y convertirse en una potencia mundial.

El orgullo americano sigue vivo, pero ¿y el sueño americano de la casa? Obviamente, hubo un cambio en la mentalidad de muchos estadounidenses. Si bien mi libro electrónico Crédito hipotecario en América: La crónica de superación de la mentalidad de un arrendatario entra en más detalles acerca de las razones, es seguro decir que la propiedad de la vivienda está reservada para aquellos que viven por la fe y la esperanza. Seguro que se necesita mucho trabajo y dedicación, pero ¿no es eso en lo que nuestro gran país se fundó: arena, determinación, tirando a sí mismo sin ayuda de nadie, y forjando una vida mejor?

Para ir desde el alquiler de un apartamento o casa de otra persona, a ser dueño de su propia casa, se requiere un cambio en las prioridades. Usted va a estar desviando los fondos de las actividades y entretenimiento para ahorrar para un pago inicial. Puede pagar las tarjetas de crédito y otras deudas y mientras tanto se compromete a vivir debajo de sus posibilidades. Es posible asumir un trabajo extra para acelerar las cosas. En lugar de un viaje a Las Vegas, es posible que decida ir a acampar en las montañas o pasar un día en la playa. Se podría sustituir viaje de vacaciones de este año con una semana de descanso para relajarse en casa, ponerse al día con la lectura o pasar el rato con los

Crédito hipotecario en América:
Factores en la compra de vivienda con Confianza
–
Equipo, Actitud y Enfoque

amigos. Esto no es un cambio permanente a la auto-tortura. Es un compromiso temporal para alcanzar su objetivo de tener casa propia. Una vez que esté en su nuevo hogar, usted volverá a evaluar su estilo de vida y establecerá nuevas prioridades y nuevas formas de recompensarse a sí mismo.

Al mantener sus ojos en el premio, se quedará motivado, incluso cuando estás cansado de ese segundo trabajo y realmente, realmente desea ir de compras. ¿Cómo luce la casa de sus sueños? ¿Cuantos cuartos tiene? ¿Los baños? ¿Es una pequeña casa con un jardín, a poca distancia de la tienda de comestibles, las escuelas, y el parque? ¿Está en los suburbios, con un garaje, y macizos de flores en la parte delantera? Imagínese a sí mismo pintar y decorar su nuevo hogar. Trate de imaginar la emoción de tener la libertad y la independencia para elegir qué tipo de tratamientos de ventana tendrá y qué color de alfombra desea. ¿Va a poner un piano en la sala de estar? ¿O una pantalla grande y plana con sonido envolvente? No, no vaya a salir a comprar esas cosas todavía! En primer lugar, necesita la casa. Imagine el futuro que usted está esperando, para ayudarse a que no vuelva a caer en la deuda y el gasto excesivo, mientras que usted está ahorrando para comprar su próximo sueño.

Una vez que usted se convierte en propietario de una casa, será una nueva responsabilidad. Puede haber reparaciones o utilidades que puede que no haya tenido que pagar como inquilino. Ya no se puede simplemente llamar al propietario y dejar que se encargue de ello. Todo está en usted. Sí, es una gran responsabilidad y hay una gran cantidad de

27

mejoras, mantenimiento, impuestos y seguros. Pero considere los beneficios: el interés de hipoteca sobre su casa principal puede ayudar a una cancelación de impuestos; también podría ser capaz de cancelar los impuestos a la propiedad y los puntos de la hipoteca (consulte con su asesor de impuestos); cada pago que realice construye el capital, que es como tener dinero en el banco; puede dejarle la casa a sus hijos, o a otra persona; usted puede cambiar las cosas que no le gustan; puede aprovechar el valor de su casa para financiar otras cosas; no conseguirá desalojado.

Cuando usted es dueño de su casa, USTED hace las reglas (sujeto a la ciudad y al estado en que reside o en las reglas de la asociación de propietarios, si los hay). Si quiere mascotas, puede tenerlas. Puede elegir una casa con un gran patio, donde pueda hacer barbacoas, construir a los niños una casa de juegos, dejar que los perros corran o invertir en una piscina. Usted puede tener un garaje para aparcar su coche, o construir un taller o estudio. Si desea agregar una habitación, se puede. Si desea volver a la alfombra, pintar las paredes de color púrpura, o colgar fotos en todas partes, se puede. No hay arrendador que le diga qué hacer, o que retenga su depósito hasta que regrese la propiedad a su condición original. Tampoco va a tener un aviso de tres días o treinta días para mudarse. Si usted ha estado haciendo sus pagos, el banco no puede lanzarlo hacia fuera. También tiene un período de gracia más largo para ponerse al día en los pagos si usted tiene un revés financiero temporal. Incluso puede financiar de nuevo para obtener un pago más bajo si las tasas de interés bajan, o su calificación de crédito o ingreso aumenta.

Cuando usted es el propietario de una casa, tiene la oportunidad de pagar el préstamo. Cuando la alquila, el alquiler por lo general no baja o desaparece alguna vez.

Crédito hipotecario en América:
Factores en la compra de vivienda con Confianza
–
Equipo, Actitud y Enfoque

Tras el pago de su casa, y como el valor de su hogar aumenta, tendrá capital de su casa para invertir o gastar en otra cosa, como por ejemplo fondos de la universidad de sus hijos, una bonita casa rodante para viajar, o incluso comenzar su propia negocio.

Incluso puede que desee comprar otra casa y alquilar la primera. Ahora puede convertirse en el propietario. Usted estará ya acostumbrado a la planificación y el presupuesto para las reparaciones inevitables. Ahora usted tiene otra fuente de ingresos y está construyendo una cartera de riqueza.

Tal vez usted ya está en esta etapa, o tal vez no quiere pensar tan lejos todavía. Estos son sólo algunos de los beneficios posibles con la propiedad de vivienda.

Todas estas libertades vienen con ser dueño de una casa. Y la libertad sigue siendo el sueño americano!

Capítulo 5: Compre con confianza, no tema!

Con el fin de hacer un cambio de mentalidad, es importante entender la psicología detrás de ella y vencer el miedo. El miedo ha destruido más sueños y vidas en la historia de la humanidad que cualquier otro fenómeno. El miedo es como una enfermedad, y una defensa contra esta situación debe ser tomada. Un enfoque pasivo no va a ganar. Usted debe buscar activamente las habilidades para vencer el miedo.

Cierre los ojos e imagine estar en el Mayflower... su cónyuge y sus hijos pequeños se apiñan con usted en el hacinamiento. Los amigos y familiares también están cerca, pero la mayoría de sus seres queridos están detrás de usted, en Inglaterra. Usted ha estado en los mares agitados durante meses, sin alivio del mareo frecuente que usted y otros experimentan. Las instalaciones de baño son insuficientes y las provisiones se están reduciendo peligrosamente. Usted comienza a temer que va a morir aquí, en mar abierto, sin pensar ni en un entierro apropiado. Teme por lo que será de su familia. ¿Van a morir aquí, también, o se encuentran perdidos, indefensos y solos, en un país extraño donde no conocen a nadie? De repente, se oye, "Tierra, Ho!" Y sale corriendo a cubierta para ver por sí mismo. A medida que se llenan las barandillas con sus compatriotas, una delgada línea oscura está a la vista. Los espíritus se elevan, y como la línea más audaz crece, también lo hacen los gritos de "Casa, estamos en casa, por fin estamos en casa!" Una alegría insondable envuelve a los pasajeros y la tripulación de la nave, como la esperanza de una nueva vida se asienta en su corazones, y la suya, una vez más.

Quizás se vieron afectados por la última burbuja de la vivienda, cuando se dispararon los valores de propiedad y cientos de miles de personas se encontraron sobre su

Crédito hipotecario en América:
Factores en la compra de vivienda con Confianza
–
Equipo, Actitud y Enfoque

cabeza con hipotecas que no podían pagar. La economía colapsó y miles de personas perdieron sus puestos de trabajo. Tal vez usted recuerde la sensación de miedo y espanto cuando tantas personas perdieron sus hogares, al igual que lo ocurrido durante la Gran Depresión de la década de 1930. Y, sin embargo, nuestros abuelos y bisabuelos se movieron hacia adelante y reconstruyeron el sueño americano. Se enfrentaron a sus miedos y caminaron a través de ellos, para salir por el otro lado, la posesión de casas, automóviles y llevando a sus hijos a la universidad. El punto es que la economía estará por siempre en proceso de cambio. No deje que eso le impida alcanzar sus sueños.

Tome medidas para conquistar cualquier temor o duda que pueda tener. Acepte que el miedo es una respuesta normal de supervivencia. Reconozca que es asombroso y que está bien. Reconozca que este miedo no le está ayudando y que debe ser analizado y ser convertido en una herramienta.
Aquí hay un ejercicio de siete pasos rápidos que puede ayudar:

Paso 1: Pregúntese: "¿De qué tengo miedo?"

La identificación de su miedo, nombrarlo, es el primer paso en la superación del mismo. ¿Está preocupado por la pérdida de su trabajo, la casa, el coche, y por terminar en las calles, incapaz de cuidar de su familia?

Paso 2: Desmonte el miedo con la lógica.

¿Qué tan probable es que esto ocurra? ¿Le ha ocurrido antes? ¿Es tan probable que ocurra si usted está alquilando?

Paso 3: Reemplace el miedo con imágenes positivas.

¿Y si no sucede? ¿Qué pasa si usted nunca pierde su trabajo, pero obtiene ascensos y aumentos? ¿Qué pasaría si sigue como propietario de su casa hasta que termine de pagar? ¿Ver que los alquileres se disparan, mientras que sus pagos siguen siendo los mismos? ¿Ver a sus amigos que continúan en alquiler, mientras que usted está tratando de decidir dónde invertir el dinero que solía ir a los pagos de su hipoteca ahora paga?

¿Ve a dónde va esto? Identificar su miedo, y luego desmontarlo con la lógica. Programe su mente para ver la otra cara, y luego camine a través de ese temor hasta llegar al otro lado. Esto se llama coraje.

Paso 4: ¿Qué desencadena el miedo?

¿Hay comentarios negativos de la gente que amas? ¿Por qué es esto un desencadenante? ¿Está buscando una aprobación? Despréndase de la necesidad de aprobación. Usted es el único que necesita sentirse cómodo con lo que está haciendo. Véase a sí mismo viviendo en casa de sus sueños, abrazando a sus hijos a medida que baja del autobús escolar, cenando en familia en su propio comedor.

Crédito hipotecario en América:
Factores en la compra de vivienda con Confianza
–
Equipo, Actitud y Enfoque

Paso 5: Enfrente sus miedos.

Tome pequeños pasos en la dirección que desea ir. Establezca un presupuesto, entreviste agentes y obtenga una calificación previa. Cada vez el miedo aparece sin avisar, describa lo que se siente a sí mismo. Si experimenta síntomas físicos, anúlelos con técnicas de respiración y relajación profunda.

Paso 6: Utilice el miedo como su ventaja.

Poner un giro positivo a su miedo y conviértalo en una aventura. Deje que afilen sus sentidos y ayuden a enfocar sus pensamientos y actividades. Si se trata del miedo a lo desconocido, edúquese al respecto. Usted lo está haciendo en este momento mediante la lectura de este libro! Si tiene miedo de un plazo o un evento, prepárese para ello y tome medidas. Eso es lo que estará haciendo cuando comience a construir su equipo ideal.

Paso 7: ¿Es el momento adecuado o debe esperar?

Avance. Si el tiempo no está bien, las cosas no van a funcionar. Usted no sabrá hasta que empiece. Si usted frena, puede tomar algún tiempo para reagruparse y volver a intentarlo. Arme su equipo ideal. Comience a obtener precalificación para el préstamo. Averigüe que opciones de financiación están a su alcance, especialmente si usted no califica para un préstamo de tasa fija tradicional de 30 años. Sí, hay otras opciones!

La situación de cada persona es única. Con su equipo de profesionales para ayudar, va a lograr sus sueños y hacer que funcionen para usted. No deje que las fluctuaciones en el mercado le preocupen. Usted no está volteando casas aquí. (Tal vez usted lo está, pero esta es otra categoría de comprar una casa). Ser propietario de vivienda es una inversión a largo plazo. Encuentre una casa que le guste y esté seguro de que usted tiene un techo sobre su cabeza y un lugar cómodo para disfrutar de su vida. Hágase amigo de sus vecinos. Observe a sus hijos crecer y prosperar en un entorno estable, en el que puedan experimentar y explorar con seguridad. Estas cosas no se ven afectadas por los aumentos o caídas en el precio de la vivienda. Ese es otro problema para otro día, si alguna vez es aplicable.

Crédito hipotecario en América:
Factores en la compra de vivienda con Confianza
–
Equipo, Actitud y Enfoque

Capítulo 6: Protéjase de los asesinos de sueños!

Este capítulo está diseñado para advertir a los compradores potenciales sobre los pesimistas y escépticos. Estos son el tipo de persona que tienen una perspectiva negativa sobre la vivienda, y le dicen a la gente que se mantengan en alquiler. Ellos son la lluvia en el desfile de cualquiera que se atreva mostrar una actitud de esperanza para el futuro y la confianza para conseguirlo. Evítelos a toda costa!

Existe una clase incontenible de personas que sienten que es su deber y obligación advertir a los optimistas esperanzadores de una locura inminente. No importan nuestros confiados esfuerzos optimistas, ya sea una educación universitaria, la compra de una casa o empezar un negocio, amigos y familiares bien intencionados y enemigos malintencionados señalarán todas las trampas, problemas y peligros de lo que el optimista está intentando hacer. Con demasiada frecuencia, el optimista sucumbe a las personas negativas y se da por vencido, incluso antes de dar a su emocionante meta una oportunidad.

¿Puede imaginar lo que habría ocurrido si los peregrinos hubieran sucumbido a las personas negativas? Sí, incluso ellos estaban plagados de escépticos que trataron de disuadirlos de embarcarse en su viaje. Si los peregrinos no hubieran subido a bordo del Mayflower, habrían seguido siendo perseguidos y cazados hasta su extinción. América habría tenido una historia diferente.

¿Qué pasa con la categoría de amigos y familiares como personas negativas?

35

En primer lugar, dese cuenta de que lo más probable es que estas personas tienen sus mejores intereses desde el corazón y son reacios a verlo herido o decepcionado. En algunos casos pueden estar celosos, pero como se suele decir, "usted no puede escoger a su familia." En estos casos, aléjese y páselos por alto. No lo tome personal. Es más acerca de sus problemas, no los suyos. No participe en el drama. Dese cuenta y acepte, incluso si lo decepciona, que no va a llevar a todos alrededor de su forma de pensar.

En cuanto a los seres queridos que realmente se preocupan, trate de encontrar algunas buenas líneas para usar, para desactivar el argumento sin conceder el suelo. Usted ya es mayor, después de todo, y su vida es su responsabilidad. A menos que estas personas estén pagando sus facturas, y si lo son, usted debe echar un buen vistazo, ellos no tienen ni voz ni voto en lo que usted decida hacer. Puede escucharlos, reconocerlos y apreciar su preocupación, y posiblemente tratar algunos de sus objeciones. Es posible que desee tener unos cuantos guiones preparados en respuesta a las preocupaciones más comunes.

Algunos posibles guiones podrían ser:

"Siento que esto es lo correcto para mí en este momento."

"Hemos examinado nuestro presupuesto y sentimos que las ventajas fiscales de propiedad de vivienda son mayores que la flexibilidad de alquilar."

"Preferimos la estabilidad de la propiedad sobre la posibilidad de desalojo."

No pierda una gran cantidad de tiempo discutiendo con estas personas. No se trata de convencerlos de que está

Crédito hipotecario en América:
Factores en la compra de vivienda con Confianza
–
Equipo, Actitud y Enfoque

haciendo lo correcto. Se trata de convencerse a sí mismo, y ya lo ha hecho. No pierda el tiempo pensando que a lo mejor tienen razón. Usted no tiene que probarse a sí mismo ante otra persona.

Cuando se encuentra con una persona negativa, pregúntese:

¿Esta persona ha intentado alguna vez hacer o lograr lo que estoy tratando de hacer o lograr? ¿Lo ha logrado?

Si no es así - de la vuelta y aléjese. Si es así, pregúnteles ¿por qué se oponen a lo que usted está intentando?

¿Tuvieron una mala experiencia de compra de vivienda?

Usted puede aprender de la causa de que les haya ido mal.

¿Perdieron su casa?

Usted también puede aprender de ésta experiencia.

Dese cuenta de que el hecho de que esto les sucedió a ellos, no significa que le vaya a pasar a usted. Su mala experiencia muy probablemente tenía más que ver con sus actitudes y opciones que cualquier otra cosa.

En el capítulo anterior, usted aprendió a enfrentar y lidiar con sus propios miedos. Al tratar con personas negativas, se trata de los temores de otra persona. Por desgracia, no se puede enfrentar y hacer frente a los miedos de ellos. Pero usted no tiene que cargarlos sobre sí mismo. Si usted no puede evitar a la persona, trate de evitar discutir sus sueños con ellos. El daño que pueden hacer en tan sólo unas pocas palabras no vale la cortesía de escuchar lo que tienen que decir.

Rodéese de personas positivas.

Comience con los amigos y familiares que le apoyan. Hable con los compañeros de trabajo y otros que están donde quieren estar. Pregúnteles sobre sus miedos y cómo los superaron. Hable de su experiencia de compra de casa y comparta un poco acerca de lo que está haciendo. A medida que encuentre aquellas personas que lo animan y lo motivan, quédese alrededor de ellos. Trate de tomar su energía positiva. Obsérvelos y recoja sus cerebros. Aprenda a ser positivo y feliz.

Usted ha hecho su tarea y decidió que esto es lo que quiere hacer. Ha trabajado duro para desarrollar la mentalidad de ser dueño de una casa, y ha ordenado sus prioridades para lograr ese objetivo. Se ha rodeado a sí mismo con la gente que lo apoya, gente positiva y un equipo de asesores profesionales para ayudarlo a adquirir su hogar ideal.

Ahora sal en el Mayflower y navega lejos. Tal vez usted es el peregrino que necesita su familia! Usted ha invertido una gran cantidad de tiempo para armar su equipo ideal y los ha elegido porque confía en ellos. Deje que le ayuden a romper los inconvenientes negativos que puedan surgir en el camino. Inicie una nueva tendencia para las generaciones venideras, que incluyan la positividad y la posibilidad, no la negatividad y la opresión.

Crédito hipotecario en América:
Factores en la compra de vivienda con Confianza
–
Equipo, Actitud y Enfoque

Resumen Capítulos sobre la Actitud

¡Felicitaciones! Ahora usted está pensando como el dueño de una casa. Uno se da cuenta de que sus pagos de hipoteca, a diferencia de alquiler, regresarán a usted en forma de comodidad, seguridad y tranquilidad. Ya está listo para construir el capital al igual que construye su cuenta de ahorros, un depósito a la vez. Usted está preparado para cuidar de su inversión presupuestando las reparaciones y el mantenimiento y el cuidado de ellos con prontitud.

Uno se da cuenta de que el miedo a lo desconocido es natural. Confronte sus miedos a medida que surjan, desármelos con la lógica, y reemplácelos con imágenes positivas. Utilice técnicas de respiración y relajación profunda para anular las manifestaciones físicas de miedo. Utiliza el miedo como su ventaja, dejando que lo impulse a la acción, edúquese, planifique y ejecute su plan. Ahora, después de haberse educado y haber construido su equipo de asesores, usted está listo para proceder con confianza.

Trate con personas negativas defendiendo su posición, respondiendo a sus objeciones, y dese cuenta de que no los va a llevar a todos en torno a su nueva forma de pensar. Usted aprecia que lo amen y que tienen sus mejores intereses de corazón, y si no lo hacen, bloquéelos. Rodéese de gente positiva y de apoyo. Tal vez su nuevo enfoque tenga un impacto positivo y anime a otros que necesitan una chispa de confianza para sí mismos.

Ya está listo para avanzar y dar un paso más hacia su objetivo de alcanzar el sueño americano de ser dueño de su propia casa.

Crédito hipotecario en América:
Factores en la compra de vivienda con Confianza
–
Equipo, Actitud y Enfoque

Capítulos sobre el Enfoque

Prepárese para alcanzar el sueño americano!

Ahora que tiene su equipo en su lugar con las actitudes correctas y un grupo de apoyo de aficionados, es el momento de formular el plan de juego y el enfoque.

En estos capítulos, vamos a mostrar cómo trazar sus límites, mediante la enseñanza de lo que sucede en el proceso de pre-calificación, cómo encontrar cuál debe ser su pago mensual, y qué rango de precios de casas debe considerar.

Vamos a compartir algunos puntos de referencia para poner en su línea de tiempo, por lo que podría anticiparse a las acciones que tendrá que tomar con el fin de calificar para un préstamo de vivienda, cuando estar listo para poner fin a su contrato de arrendamiento, y qué hacer para cerrar el tema de garantías de manera más eficiente.

Y, por último, vamos a darle algunas herramientas para comprender mejor los números que van a ir en su enfoque global, de modo que usted estará más cómodo con todo el proceso.

Capítulo 7: Enmarcando su enfoque para compra de vivienda

Un marco tiene cuatro lados. En la elaboración de su enfoque, usted va a tomar en cuenta cuatro factores que crearán los límites de lo que va a comprar. Vamos a empezar con su monto pre calificado. Después de que su prestamista toma su solicitud de préstamo y que ha precalificado, usted sabrá de qué monto puede comprar su casa.

Esta cifra representará la "parte superior" de su marco. Precaución: Si su prestamista le dice que lo máximo que califica para una casa es $ 105.000 entonces es posible que desee encontrar otro prestamista. La razón es que la cantidad máxima que califica para estará basada en los

Crédito hipotecario en América:
Factores en la compra de vivienda con Confianza
–
Equipo, Actitud y Enfoque

pagos y no en el precio. Para ilustrar esto, vamos a echar un vistazo a los dos ejemplos siguientes:

Vivienda "A" - $105,000 Precio de Compra	
Principal/Interés:	$514.75
Impuestos Estimados ($884.90/año):	$73.74
Seguro Estimado ($480/año):	$40.00
Seguro hipotecario:	$71.23
Pago hipotecario mensual:	$699.72

Vivienda "B" - $105,000 Precio de Compra	
Principal/Interés:	$514.75
Impuestos Estimados ($1331.12/año):	$110.93
Seguro Estimado ($600/yr):	$50.00
Seguro hipotecario:	$71.23
Pago hipotecario mensual:	$746.91

Observe que hay una diferencia en el pago mensual de la hipoteca entre estas dos casas que tienen el mismo precio de compra. Entonces, ¿qué pasa si el pago máximo de la casa que permite su ingreso era de sólo $ 700 / mes? ¿Sería capaz de comprar la vivienda B? Como se puede ver, la respuesta es no. El pago mensual de $ 746.91 excedería el límite de $ 700.

Entonces, ¿por qué la mayoría de los prestamistas le dan un precio máximo de compra después de que la precalificación, cuando deberían estar dando un límite de pago? Esta puede ser una de las razones por las que oímos historias tristes acerca de las transacciones que caen a través de sueños rotos a medio camino a través del proceso de compra.

Dicho esto, es importante no sólo saber cuál es su cantidad máxima de pago calificado previamente, sino también comprender los números que van en este umbral. Esta cantidad máxima pre cualificada será la parte superior de su marco. A continuación se muestra un gráfico para tener a la mano, para que tenga una idea general de lo que puede afectar la cantidad de pago precalificado:

Gasto	Factor de Precalificación	Aplicable a todas las viviendas?	Puede estar incluido en pago hipotecario?
Impuestos de la propiedad	Si	Si	Si
Seguro de Vivienda	Si	Si	Si
Seguro hipotecario	Si	No	Si
Asociación de Propietarios	Si	No	No
Facturas de Servicios Públicos	No	Si	No
Seguro contra inundaciones	Si	No	Si
Compañía de Basura	No	Si	No
Televisión por cable	No	No	No

Como puede ver, hay varios elementos que se pueden tener en cuenta en el límite de pago calificado previamente, mientras que estos artículos no siempre van en el pago mensual de la hipoteca. Está bien si usted no entiende por completo este concepto, pero es fundamental que su prestamista entienda esto antes de tiempo.

Crédito hipotecario en América:
Factores en la compra de vivienda con Confianza
—
Equipo, Actitud y Enfoque

Resumen rápido de la parte superior del marco:
- Obtenga una calificación previa para un monto de pago y no un monto de precio de compra.
- Comprenda cuales son los elementos de gasto involucrados en su pago precalificado
- Nota: Los impuestos de propiedad varían de una propiedad a otra. En la mayoría de las partes del país, es raro que dos propiedades tengan la misma cantidad exacta de impuestos.
- Nota: Lo mismo ocurre con el seguro de propietarios así como para los impuestos sobre la propiedad.
- Cuando vaya a comprar una casa, usted debe saber por adelantado cuáles son los impuestos a la propiedad, pero este no va a ser el caso de los seguros de propiedad. Usted y su equipo tendrán que hacer una conjetura sobre esto.

La parte inferior de su marco va a ser el pago de la casa deseada. Es importante que esta cifra sea realista. Todos queremos un pago cero, pero eso no es una opción realista. Mientras que algunas personas sumarán el 20% de lo que están pagando actualmente en alquiler, otros pueden añadir una cantidad en dólares. Algunos ven en su historial de ahorro mensual del último año y ven que parte de ese ahorro podrían añadir cómodamente a lo que están pagando por la vivienda. Y otros pueden factorizar un aumento de sueldo en la ecuación. No hay nada malo con estas estrategias, pero no son para todo el mundo. De hecho, puede haber cientos de estrategias viables. Al final del día, el 100% depende de su nivel de comodidad como comprador de la casa.

Las dos caras de su marco van a ser del rango estimado para su precio de compra. Una vez que el agente de bienes raíces tiene la cantidad de pago pre calificado, él o ella será capaz de determinar su poder de compra con su prestamista. A medida que entran a través de las casas que le gusten, su equipo puede estimar si la casa se ajusta a su marco. Es importante tener una idea general de cuales son sus límites máximos (lado derecho del marco), para que no se hagan ilusiones con el hogar equivocado. Por esa misma razón, es igualmente importante saber cuáles son sus expectativas mínimas para una casa. Esto representará la parte izquierda de su marco.

Ahora que ha enmarcado su enfoque de compra de vivienda, es el momento de trazar los puntos de referencia y marco de tiempo.

Crédito hipotecario en América:
Factores en la compra de vivienda con Confianza
–
Equipo, Actitud y Enfoque

Capítulo 8: Creación de una línea de tiempo para su enfoque

Objetivo	Mes 1	Mes 2	Mes 3
Objetivo 1	▬▬		
Objetivo 2		▬▬▬	
Objetivo 3			▬▬
Objetivo 4			▬▬
Análisis			▬▬

Antes de trazar sus objetivos y línea de tiempo, es necesario establecer la fecha objetivo estimada para la compra de su casa. Esta es la fecha en la que va a obtener las llaves de su nuevo hogar, la cual suele ser la fecha en que inicia su préstamo de vivienda nueva.

Objetivo 1: Aplicar tan pronto como crea que puede comprar una casa.

a. Incluso si usted no está planeando la compra en uno o dos años, siempre es bueno para saber exactamente dónde se encuentra hoy en día.
- Al aplicarlo al principio, le dará tiempo para arreglar cualquier cosa que necesita ser arreglada, o mejorar cualquier cosa que se puede mejorar, como su calificación de crédito, la relación deuda-ingreso, o la duración en su trabajo.
- Nota: Incluso si se aplica a tiempo, usted tendrá que actualizar su solicitud dentro de los tres meses de su compra inicial de la fecha objetivo.

b. Es imprescindible para ser precalificado dentro de los noventa días de la fecha objetivo de su compra inicial.
   - Esto ayudará a asegurar que usted es realmente capaz de comprar una casa.
   - Muchas personas cometen el error de encontrar su hogar ideal y, a continuación, tratan de obtener un préstamo para él, sólo para descubrir que no pueden calificar para el préstamo.

c. Después de la calificación previa, su prestamista le proporcionará una lista de los elementos necesarios.
   - Por favor, asegúrese de que el prestamista revise sus ingresos y activos antes de tiempo (incluso un año o dos) si usted piensa que tiene una circunstancia especial que necesita una revisión adicional.
   - No dude en enviar un correo electrónico a "Baltazar Partners" o a cualquier miembro de su equipo ideal, si necesita información sobre lo que puede o no puede ser una circunstancia especial.

Objetivo 2: Construir su marco y compartirlo con su equipo ideal.

a. La parte superior de su marco vendrá del objetivo # 1.
b. Comparta con su agente de bienes raíces cuál es su nivel de comodidad con un nuevo pago de la casa. Esta será la parte inferior de su marco.
c. A medida que usted hable con su agente de las partes superior / inferior de su marco, él o ella será capaz de mostrar como el inventario se parece a sus

Crédito hipotecario en América:
Factores en la compra de vivienda con Confianza
—
Equipo, Actitud y Enfoque

umbrales. Una vez más, esto representará los lados izquierdo y derecho de su marco.

Objetivo 3: Comience a visitar las casas que se ajustan a su marco.

a. El tiempo lo es todo. Si espera demasiado tiempo para empezar a hacer ofertas, entonces es posible que se desespere para conseguir un contrato para comprar una casa antes de que su contrato de arrendamiento llegue a su fin. Esto puede hacer que pague de más por una vivienda.

b. La mejor manera de abordar esto, es la elaboración de un plan de juego con su agente de bienes raíces y agente de crédito.

c. Averigüe a través de su agente de crédito cuál es el tiempo estimado para la compra en su área específica. Una buena regla general es de 30-45 días, pero siempre hay excepciones a esta regla.

d. Averigüe a través de su agente de bienes raíces la probabilidad de que la vivienda que le gusta esté disponible alrededor de la fecha objetivo para su compra inicial.

Objetivo 4: Coordinar la transición de su sistema de vida actual hacia su nuevo hogar.

a. Si usted está viviendo en algún lugar sin pagar alquiler y puede dejarlo cuando quiera, entonces usted no tiene que pensar mucho en este objetivo.
b. Si va a dejar un acuerdo que requiere un pago mensual, entonces tendrá que planificar en ese sentido. Hable con su agente de bienes raíces sobre la mejor manera de hacer la transición.
c. Es posible que desee hacer un presupuesto para tener al menos un mes en el que tenga un doble pago (el último pago del acuerdo de la vivienda anterior y el primer pago para el nuevo). Hable con su prestamista acerca de hasta cuándo puede esperar para realizar el primer pago.

Hace falta decir que esta es la parte más emocionante de todo el proceso. Mientras camina entre casa y casa, empezará automáticamente a imaginar el hogar que será suyo. Usted podrá preguntarse cómo se verán sus pertenencias en el hogar, los colores con que pintará las paredes, pisos nuevos u otras mejoras que haría. Si usted tiene niños, podrá imaginarlos jugando en su habitación o correr por toda la casa. Independientemente de toda la emoción y la anticipación involucrada en la búsqueda de su casa, recuerde que usted es quien hace la casa. La casa no lo hace a usted!

Crédito hipotecario en América:
Factores en la compra de vivienda con Confianza
—
Equipo, Actitud y Enfoque

Capítulo 9: Los recursos para su enfoque

A medida que tome la acción, es importante contar con ciertas herramientas y recursos disponibles para sus necesidades de planificación de compra de vivienda. Si bien muchas de estas herramientas útiles se pueden encontrar en varios formatos en Internet, GoodMortgageAdvice.com es un sitio web que contiene muchas de las herramientas esenciales que puede necesitar para ser eficaz y estar confiado. Baltazar Partners LLC se complace en asociarse con esta iniciativa. Estas son algunas de las herramientas y los recursos disponibles:

Herramienta 1: Calculadora de hipoteca

> - La calculadora de hipoteca le ayudará a calcular el pago del préstamo para su nuevo hogar. Tenga en cuenta que hay dos tipos diferentes.

> a. Una calculadora financiera utilizará una tabla de amortización para calcular el pago del préstamo, basado en el monto del préstamo, la duración del préstamo y la tasa de interés

> b. Como la mayoría de las hipotecas en los Estados Unidos incluyen los impuestos y el seguro, una calculadora de pago de la hipoteca calcula su pago total de la hipoteca. Esto tomará en cuenta el principio de pago del préstamo, intereses, impuestos y seguros.

Herramienta 2: Enlaces a sitios web importantes sobre bienes raíces y préstamos

- Bienes raíces
  a. Sitios web de inventario
  b. Asociaciones de bienes raíces
  c. Información sobre asociaciones de profesionales

- Préstamos
  a. Programas de préstamos
  b. Programas de asistencia para pagos
  c. información sobre asociaciones de profesionales

Herramienta 3: Tecnología para rastear tasas

- Capacidad para ver las tendencias
- Comprender mejor el mercado
- Ayuda a realizar una mejor estimación de pago

Herramienta 4: Recursos didácticos

- Videos para saber cómo utilizar la tecnología
- Páginas con trucos para comprender mejor los números que intervienen en el proceso de préstamo
- Videos educativos

A medida que las nuevas tecnologías sobre hipoteca salen, Baltazar Partners actualiza GoodMortgageAdvice.com tan pronto como es posible. No dude en enviar correos electrónico en cualquier momento para hacer recomendaciones o aportar nuevas ideas.

Crédito hipotecario en América:
Factores en la compra de vivienda con Confianza
–
Equipo, Actitud y Enfoque

Resumen Capítulos sobre el Enfoque

Felicitaciones en su nueva etapa! Ahora ya sabe cómo enmarcar el enfoque de la compra de casa, sabe lo que es ser pre-calificado y por qué es importante antes de buscar un hogar. Sus límites están establecidos y ahora usted está preparado para empezar a reducir el campo de viviendas potenciales.

Ya conoce los puntos de referencia para establecer la compra de su casa, lo que le ayudará a trazar su línea de tiempo, por lo que está listo para hacer una oferta seria una vez que encuentre su hogar ideal. También se está preparando para ese día monumental de salir de su alquiler a su nuevo hogar.

Por no mencionar, hay un sitio web lleno de herramientas para ayudarlo a usted y a su equipo ideal con los cálculos de la hipoteca, programas de préstamos, hojas de trucos y videos de instrucción, junto con otras tecnologías de tendencia en el tema de hipotecas. Es hora de tener algo de diversión!

Implementación

Ahora que la información está fresca en su mente, consiga un cuaderno de notas y comience con la elaboración de sus planes para comprar su próxima casa. Recuerde, que puede hacerlo. Ya ha conformado su equipo ideal quien lo aconsejará y ayudará a alcanzar su sueño de tener casa propia. Ya ha aprendido la mentalidad de un dueño de una casa, cómo conquistar sus miedos, cómo manejar los pesimistas, y rodearse de gente de apoyo y positiva.
También tiene este libro, una página web, y el buen espíritu americano de su lado.

¿Adivine qué? Ahora está listo para hacer sus sueños realidad! Le deseo la mejor de las suertes en su viaje. No dude en compartir su historia de éxito conmigo. Me encantaría oírlo. ¡Hasta la próxima vez!

www.ingramcontent.com/pod-product-compliance
Lightning Source LLC
Chambersburg PA
CBHW071326200326
41520CB00013B/2881